AF298496

RÉPONSE

A

L'ORAISON FUNÈBRE

DE

M. COLET, ARCHEVÊQUE DE TOURS

PRONONCÉE PAR

M. FREPPEL, ÉVÊQUE D'ANGERS

Le 15 Janvier 1884

DANS L'ÉGLISE MÉTROPOLITAINE DE TOURS

PAR

A.-C. BERTRAND

PUBLICISTE

EN VENTE

Au bureau du Tours-Journal, rue Colbert, 24
A l'imprimerie E. Arrault et Cie

TOURS

IMPRIMERIE E. ARRAULT ET Cie

6, RUE DE LA PRÉFECTURE, 6

1884

RÉPONSE

A

L'ORAISON FUNÈBRE

PRONONCÉE PAR M. FREPPEL

ÉVÊQUE D'ANGERS

Par A.-C. BERTRAND, publiciste.

PROLOGUE

> « C'est pourquoi, ayant l'administration
> de cette chose sainte qu'on appelle *vérité
> historique*, nous ne savons pas ce que c'est
> que la défaillance. »

M. Freppel, évêque d'Angers, vient de prononcer, dans l'église Métropolitaine de Tours, l'oraison funèbre de M. Colet, archevêque de Tours. Le prélat angevin est arrivé dans notre ville, muni de son discours dans sa valise de voyage. Il nous tombe sous les yeux. Nous croyons de notre devoir de le réfuter, au double point de vue de la vérité historique et des principes erronés qu'il renferme.

On pourra trouver étrange de voir un obscur écrivain venir contester les appréciations du célèbre panégyriste de l'archevêque défunt.

Quand l'abbé Gorini s'est permis de s'attaquer

à M. Michelet, l'historien géant de nos origines nationales, le clergé tout entier s'est levé comme un seul homme, pour acclamer l'obscur champion de ce qu'il appelait la vérité dénaturée.

L'édifice historique réclame le concours des ouvriers les plus modestes comme des architectes les plus en renom. Nous apportons aujourd'hui la part de notre travail. C'est notre droit, c'est notre devoir. La plume est un instrument que chacun peut faire courir à notre époque de liberté, et la pensée du dernier d'entre les derniers a le droit de devenir vivante aussi bien que la pensée des princes et des prélats de ce siècle.

PREMIÈRE PARTIE

Observations générales.

Le plus vaillant loup de mer qui ne possède pour traverser les océans qu'une chaloupe à moitié vermoulue doit fatalement succomber dans la traversée, malgré les efforts de son courage et les ressources de sa pensée.

M. Freppel s'est traîné dans un terre-à-terre affligeant, en cette journée du 15 janvier. Pas un élan, pas un cri du cœur, pas une idée généreuse, pas un accent d'enthousiasme ; il raconte, dans un style sans couleur, des faits vulgaires ; il entasse des phrases sur des phrases sans cadence et sans harmonie. Cette chute oratoire était prévue. Quiconque veut louer, quand la louange n'est qu'un encens frelaté, se voit réduit à redire des banalités sans intérêt. L'oraison funèbre demande des actes de héros, des vies de génie, des traits de grands hommes, des situations bouleversées par une série d'événements imprévus, tragiques, grandioses. L'oraison funèbre doit se taire en face des vulgarités, en présence de personnalités ignorées ou du moins qui disparaîtront demain, emportées par le flot ravageur de l'oubli. Lacordaire a dit qu'il est impossible d'écrire l'histoire du Bas-Empire, parce que le Bas-Empire n'a pas d'histoire. Nous dirons de même et avec plus de justesse : impossible de redire la vie de M. Colet, parce que M. Colet n'a pas d'histoire.

Il s'est néanmoins rencontré des écrivains assez peu judicieux pour nous conduire au milieu de ces inextricables querelles du palais des empereurs de Constantinople. Leur histoire n'a pas trouvé de lecteurs ; leur histoire est mort-née.

Nous regrettons pour M. Freppel sa brochure du 15 janvier ; c'est une perle fausse au milieu de l'écrin de ses joyaux. Tout ici reproduit l'ombre et les ténèbres, tout ici respire la médiocrité.

Nous regrettons surtout cette oraison funèbre au point de vue historique.

L'honorable M. Belle, notre sympathique député d'Indre-et-Loire, traitait dernièrement dans une conférence publique cette grande question : L'histoire est-elle impartiale ?

Nous nous permettrons de poser, devant l'opinion publique, cette grande et capitale question : le récit de M. l'évêque d'Angers est-il impartial et l'histoire peut-elle enregistrer comme véridiques les jugements qu'il a prononcés sur la vie et les actes de M. Colet, archevêque de Tours ?

Un phénomène étrange se passe au sein de l'Eglise romaine : elle couvre de fleurs la tombe de ses hommes, prélats de tous ordres, papes, cardinaux, évêques, moines, religieuses, fils de Loyola, enfants de Dominique. Que lui importe, à elle, la vérité ? Elle place l'éloge au-dessus de la vérité.

Lisez ses écrivains modernes, vous trouverez de ces appréciations qui sont la preuve de l'effroyable conspiration contre la vérité historique de la secte romaine.

Alexandre VI, le Borgia du Vatican, le monstre suivant les dires d'un publiciste du commencement de ce siècle, est rehabilité ; sa tête hideuse est désormais entourée de l'auréole de la sainteté, et si M. Freppel eût vécu en ce siècle d'orgies ténébreuses, il fut monté dans ce qu'il appelle la chaire de vérité, et il eût brûlé devant cette physionomie, cent mille fois maudite, l'encens de l'adulation criminelle et de la basse courtisanerie.

Nous venons donc protester, au nom de l'histoire, contre les trente pages de cette brochure.

Nous serions, d'ailleurs, tenté de croire que M. Freppel a cédé à un mouvement de mercantilisme, puisqu'il fait vendre sa brochure au profit de l'*Université catholique d'Angers*. Il veut bien faire l'éloge public du défunt, mais il veut que la Touraine le lui paie généreusement : tant sa phrase, tant sa période, tant son oraison funèbre. Il ne vend son œuvre qu'un franc ; il apporte sa marchandise toute préparée, dans des caisses qu'il ouvre devant ses clients. La recette sera bonne, le bénéfice considérable, le but suffisamment sanctifié ; son *Université* réclame des capitaux, le prélat accepte une tournée, afin de soutenir l'œuvre qui périclite et que les Angevins se refusent désormais à patronner par leur or et par leur influence, depuis la dernière évolution du fougueux pontife. En vérité, nous ne savons ce que nous devons le plus admirer, ou de l'Église romaine, qui s'entend si merveilleusement à exercer le noble métier d'accapareur, ou des naïfs dévots qui se laissent endormir par des paroles enchantées et des bénédictions d'un autre âge. Il avait pourtant un moyen suprême de se grandir, c'était de vendre sa brochure au profit des pauvres et des nécessiteux de la ville de Tours, et d'en verser le produit entre les mains de la municipalité, en faveur de ces infortunés que la misère accable et qui souffrent les premiers de la crise qui sévit si lamentablement sur toutes les nations d'Europe, par suite des armements furibonds et insensés de peuples qui n'attendent qu'un signal donné par les princes pour s'égorger dans une lutte fratricide.

L'Église travaille pour elle, elle amasse pour ses œuvres, elle vit pour grandir ses entreprises, elle est marâtre à l'excès, elle n'a cure des plaintes du peuple, elle ne soulage les infortunes qu'autant qu'elle y trouve une compensation pour sa prospérité et sa grandeur.

DEUXIÈME PARTIE

L'étude de la Brochure.

Dès l'abord, M. Freppel laisse échapper de sa pensée une lueur d'inquiétude.

« La mort d'un évêque, dit-il, n'est pas seulement un sujet de deuil dans le présent, mais encore un motif d'inquiétude pour l'avenir. » Est-ce que le prélat ne serait pas satisfait de la nomination de M. Meignan à l'archevêché de Tours? Où voit-il donc un motif d'inquiétude pour l'avenir, au lendemain du choix fait par le Gouvernement et sanctionné par le Saint-Siège? Que craint-il? Que redoute-t-il? Qu'appréhende-t-il? Craint-il de trouver en M. Meignan un évêque aux idées libérales et généreuses? Redoute-t-il de le voir vivre en bonne harmonie avec les pouvoirs publics? Appréhende-t-il de n'être pas maître de guider à sa fantaisie le nouvel élu, dont l'indépendance sentira la nécessité de s'affranchir de sa tutelle? M. Bellot des Minières, évêque de Poitiers, a su rester maître de ses actes et de ses volontés; M. Meignan saura probablement garder la fierté qui convient à sa haute situation. M. Freppel voudrait régner en maître; il sent que dans le centre de la France la domination lui échappe; de là *le motif d'inquié-*

tude pour l'avenir qui le travaille douloureusement.

A la suite de ce cri d'angoisses, il nous montre la mort de M. Colet, comme l'objet d'un deuil public. « Faut-il s'étonner que vos tristesses prennent le caractère d'un deuil public, chaque fois que la mort vient recouvrir d'un voile funèbre la chaire métropolitaine ».

En vérité, nous avons cherché les traces de ce deuil public sans pouvoir les rencontrer. Un deuil public ! je comprends ce deuil, quand s'éteignit le grand Bossuet ce colosse d'éloquence, ce panégyriste des princesses et des rois. Je comprends ce deuil quand fut enlevé de la scène de ce monde le génie le plus fécond du xviii° siècle, quand mourut Voltaire le roi des lettres françaises. Je comprends ce deuil quand nous fut ravi Lamartine, ce chantre si mélodieux de la grande nature et des sublimes harmonies. Je comprends ce deuil quand nous eûmes la douleur de perdre Berryer le prince du barreau, Montalembert le prince de la tribune politique, Dupanloup le prince de la tribune sacrée. Je comprends ce deuil quand s'éteignit au soir d'une vie de labeurs infatigables l'historien de nos gloires nationales, Henri Martin, et quand retentit soudain comme un coup de foudre la mort de Gambetta, le patriote des patriotes. Oui, certes voilà le deuil national ! C'est pour ces colosses de la pensée et du patriotisme qu'il importe de garder ces triomphes dont vous parlez, M. l'Évêque ; c'est a eux seuls qu'il convient de rendre « ces hon- « neurs que la sagesse politique envisage toujours

« comme une manifestation propre à rehausser
« dans l'esprit des peuples le principe d'autorité ».

Vous devriez savoir, M. l'Évêque, qu'une nation qui prodigue aux âmes vulgaires les honneurs
dont vous parlez s'avilit et se dégrade, qu'elle avilit et dégrade en même temps le principe d'autorité et qu'elle perd cette sagesse politique qui
constitue sa vraie grandeur.

Vous vouliez que l'armée assistât au funérailles
de cet homme ! Mais qu'avait-il fait pour la pa-
trie, pour les lettres, pour les arts, pour la grandeur de son pays ? Il avait occupé plusieurs palais
épiscopaux, il avait porté la pourpre pontificale, il
avait manié le bâton pastoral. Ah ! les palais sont
souvent habités par des âmes vulgaires, la pourpre recouvre souvent des sentiments bien mépri-
sables et le bâton du commandement sert souvent
d'instrument de torture au lieu de houlette misé-
ricordieuse.

Laissez passer silencieusement les âmes vulgaires, il en disparaît chaque jour ; gardez vos glori-
fications pour les généreux caractères, pour les
âmes vaillamment trempées, pour les patriotes
enthousiastes, pour les hommes de génie. A prodi-
guer ses éloges on en diminue la valeur.

M. Freppel arrive ensuite à dépeindre « le trait
caractéristique » de son héros. Il découvre cette
phrase typique : « Le vénéré défunt était l'administrateur du domaine des âmes ».

Tout son discours va rouler sur cette phrase qui
selon lui constitue la gloire la plus resplendis-

*

sante du « révérendissime et illustrissime Père en Dieu, Monseigneur Charles-Théodore Colet, archevêque de Tours. ».

Les *révérendissime* et *illustrissime* sont ici nécessaires ; ces mots arrondissent bien la période et jettent une ampleur majestueuse sur la phrase ronflante d'un panégyriste en quête d'effets qu'il cherche inutilement dans une vie sans grandeur. Louons avec des mots, puisque nous ne pouvons louer avec des faits ; encensons l'idole avec le bruit tapageur des périodes, puisqu'il nous est interdit de l'encenser avec l'hommage spontané de nos cœurs.

Après nous avoir fait une peinture saisissante des rives du lac de Gérardmer où naquit M. Colet, rives qui sont belles par elles-mêmes et non pour avoir donné naissance à un prélat ; après nous avoir parlé de l'Alsace et de la Lorraine « terre de granit dont les habitants semblent participer du sol qui les voit naître par l'énergie et la ténacité du caractère », peinture fort exacte mais mal placée dans la circonstance, M. Freppel arrive à nous entretenir de l'éducation sacerdotale « de cette éducation qui ne doit pas être commune à toutes les professions ».

Ah ! Monsieur, nous la connaissons dans ses plus minimes détails cette éducation sacerdotale, et c'est parce que nous la connaissons que nous la déclarons fausse, mauvaise et fondamentalement préjudiciable aux intelligences qui la subissent.

L'éducation sacerdotale et ultramontaine c'est la

mort du patriotisme national et le foyer du patriotisme romain. Le lévite ne doit sentir battre sa poitrine qu'au souffle de la Papauté; sa patrie n'est rien ou presque rien; Rome c'est tout, c'est le centre, c'est la divinité, c'est la reine, c'est la suprême dominatrice.

L'éducation sacerdotale et ultramontaine, c'est en politique la glorification forcée de la royauté de droit divin, c'est l'abaissement de tout empire et de toute république. Quand Napoléon III gouvernait, Napoléon III était le grand adversaire des âmes catholiques; la République est aujourd'hui maîtresse, eh bien! la République c'est la grande prostituée, la Babylone moderne, c'est l'abomination de la désolation.

L'éducation sacerdotale et ultramontaine, c'est la haine des libertés les plus légitimes et les plus bienfaisantes de l'humanité. Dans les séminaires on condamne la liberté de conscience, la liberté de la pensée, la liberté de la parole, la liberté des cultes, la liberté d'association. Dans les maisons où s'élèvent les jeunes lévites, on proscrit inexorablement tous les sentiments les plus généreux pour les remplacer par les maximes les plus abrutissantes. Tout ce qui n'est pas l'Église Romaine n'est ni juste, ni légitime, ni vrai, ni pur, ni honnête, ni divin. En dehors d'elle ni salut, ni vie, ni espoir, ni bonheur, ni avenir, ni éternité. Le voile de la réprobation enveloppe fatalement de ses ombres toutes les existences humaines qui s'agitent en dehors de la sphère qu'elle s'est déterminée.

Oui, M. Freppel, vous avez raison « le prêtre est un homme à part ».

Oh ! joie ! ivresse ! je ne suis plus cet homme à part, je vis de la vie universelle, je marche en pleine lumière au milieu de mes frères de la société universelle, je suis le citoyen de l'humanité ; j'aspire à pleins poumons cette sève d'avenir dont hélas ! je me suis tardivement nourri, mais qui coule à larges flots dans ma poitrine soulagée. Arrière « ces œuvres de Saint-Joseph destinées à favoriser le recrutement des écoles du sanctuaire », écoles d'égoïstes, écoles de sectaires qui loin de former « des esprits droits et judicieux » crétinisent les intelligences.

Continuons à écouter l'évêque d'Angers, à propos de l'éloge funèbre de son héros ; il aborde des sujets d'une haute portée. « Il faut, dit-il, à la religion de quoi pourvoir à l'entretien de ses minisstres, aux besoins d'un culte extérieur et public. »

C'est bien là le mot suprême ! Saint Paul avait dit : « *Habentes alimenta et quibus tegamur, his contenti sumus :* Nous devons être contents quand nous avons des aliments et des vivres. » Il faut autre chose à M. Freppel ; il lui faut des propriétés, des rentes, des palais ; il lui faut la pompe, le faste, l'éclat ; il lui faut la domination temporelle sur les princes et sur les peuples ; il lui faut une royauté terrestre ; il lui faut un patrimoine. C'est d'ailleurs bien pensé. C'est en effet fort agréable de posséder un patrimoine, que rien ne saurait vous ravir, également affranchi des exigences de la fiscalité et des vicissitudes des révolutions.

Quant tout change, quand tout se détériore, le patrimoine de l'Église s'accroîtra, se gonflera, se dilatera.

Ah ! l'heureux patrimoine ! Les siècles chrétiens avaient compris qu'il fallait un tel patrimoine à l'Église; et le siècle actuel, siècle barbare et révolutionnaire, paraît ne plus vouloir comprendre une vérité si lumineuse. Affreux siècle !

M. Freppel lance une phrase qui seule vaut les vingt sous qu'il réclame :

« Il semblait aux siècles chrétiens que le droit de propriété prendrait aux yeux des peuples un caractère d'autant plus inviolable et plus sacré, que le sacerdoce lui-même serait appelé à l'exercer dans - toute sa plénitude. »

De ce que le clergé possède des biens il en résulte que le droit de propriété est plus inviolable... de ce qu'il n'en possède pas, il résulte que le droit de propriété est moins inviolable... Ainsi, le droit de propriété, ce droit primordial antérieur à toute société religieuse organisée, ce droit inné dans la conscience des peuples avant toute constitution de culte extérieur, n'est véritablement inviolable et sacré, d'après M. Freppel, qu'autant que le clergé romain possède lui-même des biens et des propriétés ! Étrange aberration d'un esprit qu'aveugle le préjugé et que domine la passion ! Avant la fondation de l'Église, est-ce que le droit de propriété n'existait pas ? Pendant les cinq premiers siècles de de l'ère du Christ, époque où l'Église naissante se cachait dans les catacombes, est-ce que le droit de propriété avait cessé d'être ? Chez les nations protestantes, où ne règne pas le romanisme, est-ce que ce droit de propriété n'est pas inscrit dans les codes et imprimé dans les consciences. Le burin qui a gravé cette loi fondamentale, ce droit de propriété dans l'âme des nations, n'a pas attendu que le papisme étendît sa domination temporelle sur une partie de l'Europe pour le revêtir d'un caractère d'inviolabilité indestructible.

Ah ! vous sentez, M. l'évêque, que les sociétés actuelles veulent vous serrer les flancs et vous ramener à votre origine modeste; voilà pourquoi vous évoquez devant elles le fantôme du collectivisme et du partage des biens. Vous avez peur de vous voir dépouillé de rentes qui nous ruinent en vous enrichissant, voilà pourquoi vous lancez aux vents de l'opinion des cris d'alarmes qui, heureusement, n'ont plus le privilège de semer la terreur et l'épouvante. Votre règne est passé ; le règne de la pensée libre et honnête, de la liberté généreuse et fraternelle s'est levé sur le monde. Disparaissez, rétrogrades !!!

M. Freppel montre ensuite dans M. Colet le protecteur des ordres religieux. « S'agit-il d'ouvrir aux enfants de saint Dominique les murs de Flavigny, d'établir les vierges du Carmel à Beaune... je le vois pénétré d'un zèle ardent pour le progrès des communautés religieuses... »

Certes, jamais jugement ne fut plus légitime.

Oui, M. Colet a fondé en Bretagne et en Touraine une multitude de maisons religieuses et nous trouvons que, loin de le bénir d'une telle œuvre, nous devons le condamner.

Au XVIe siècle, un pape se plaignait de cette grande multiplicité des familles monastiques, dont les membres, cédant au caprice d'une imagination maladive, quittaient la vie réelle pour se lancer dans les voies chimériques, et peuplaient les cloîtres d'êtres indolents et pervertis. A Tours, M. Colet nous a donné le spectacle le plus triste qui se puisse rencontrer ; à chaque détour de rue, nous avions la douce consolation de rencontrer des maisons religieuses: Oblats de Saint-Martin, Lazaristes, Jésuites, Filles de la charité, la Sainte-Face, Purificandines, Visitandines, Dames de la retraite, Dames blanches, Dames du Sacré-Cœur, et mille autres aux dénominations plus ou moins bizarres. Qu'est-il arrivé ? c'est que les grandes dames de Tours ont abandonné leurs paroisses pour fréquenter la chapelle où confesse le Père Rey, où prêche le Père Casabosca, où roucoule la révérende mère Thérèse. La religion est devenue une affaire de mode, et la foi chrétienne a déserté les âmes. Telle est le triste bilan obtenu par la multiplicité des ordres religieux. Comment en face de ce résultat désastreux, M. Freppel ose-t-il nous dire : « que les congrégations religieuses se font les auxiliaires du sacerdoce par la prière et par l'exemple ! » Des auxiliaires ! vous devriez dire des adversaires. Des auxiliaires par l'exemple ! Est-ce

que nous ne savons pas ce que valent les ver-
tus de ces moines et de ces religieuses? Est-ce que
nous n'avons pas sondé les mystères de vos cloîtres? L'humanité chez eux est restée l'humanité,
avec l'hypocrisie en plus.

L'évêque panégyriste arrive ensuite à dépeindre
la vie intime de l'illustre défunt. Il le canonise au
lendemain de sa mort. Rome n'a plus qu'à passer
et le diocèse de Tours à verser cinq cents mille
francs, — Rome se contente de cette modeste rétri-
bution pour instruire le procès de ses élus, — et
voilà M. Colet inscrit sur le martyrologe des illustrations ultramontaines, à la suite des Dupont et
des Labre.

Lisons, pour prouver nos dires : «... Rester essen-
tiellement l'homme de la règle et du devoir; suivre
d'un pas ferme et jusqu'au bout la voie du bien ;
puiser dans le sacrifice de la veille la force d'ac-
complir celui du lendemain... voilà la vraie perfection de la vie. Ne vous semble-t-il pas que je vienne
de résumer la vie de Mgr Colet. »

Eh bien! M. l'évêque, il ne nous semble pas que
vous veniez de résumer la vie de M. Colet. Au nom
de la véridique histoire, nous nous inscrivons en
faux contre vos adulations. Dans cent ans, il importe
qu'à côté de vos flatteries, les chercheurs trouvent
la vérité dans sa rigoureuse exactitute. M. Colet
pouvait être un honnête homme comme il en meurt
tous les jours, mais ce n'était pas une perfection.
Ses colères, ses emportements sont légendaires
dans le clergé et nous pourrions citer plus d'un

fait, avec des noms et des dates, comme preuve de nos affirmations. Nous dépasserions le seul but que nous nous sommes proposé, à savoir : de ne pas permettre qu'on fausse l'histoire et qu'on livre à la postérité des récits de pure fantaisie.

La question de l'infaillibilité pontificale se posait d'elle-même à l'orateur ; il devait la traiter devant son auditoire.

Il établit les propositions suivantes :

1° Aucun évêque n'a été opposé à l'infaillibilité, mais plusieurs ont été opposé à l'opportunité de la définition.

2° M. Colet a combattu l'opportunité sans combattre la doctrine en elle-même.

3° L'infaillibilité du pape est le ciment indestructible de la constitution de l'Église.

4° Le chef suprême d'une Église infaillible doit être infaillible comme elle.

5° Cette infaillibilité est ce qui fait la certitude de la foi.

Discutons avec les documents en main.

Les débats au concile du Vatican n'ont pas joui de la liberté nécessaire. Dans la séance du 22 mars, Mgr Strossmayer a dû descendre de la tribune, sous les objurgations d'un certain nombre de prélats italiens et de leurs *domestiques*, présents au concile. Précédemment, Mgr Dupanloup s'était vu refuser l'autorisation d'imprimer à Rome la réponse qu'il voulait faire aux attaques de Mgr Deschamps. Le pape avait voulu fermer la bouche à l'éloquent défenseur de la vérité religieuse.

Mgr Le Courtier, évêque de Montpellier, écrivait à la date du 18 juin : « Notre faiblesse vient de notre défaut de liberté. Une minorité imposante qui représente la foi de plus de 100 millions de catholiques est écrasée par le joug imposé de règlements restrictifs et contraires aux traditions conciliaires. La majorité n'est pas libre ; car elle se produit par un appoint considérable de prélats qui ne sauraient être témoins de la foi d'Églises naissantes ou mourantes... »

Mgr Place se plaignait, lui aussi, des entraves apportées à la plus sainte des libertés et déplorait la conduite du pape qui encourageait les révoltés du diocèse de Marseille.

Au milieu de ces débats, quelle était l'attitude des hommes les plus considérables de l'Église ? Le cardinal, archevêque de Vienne, Mgr Rauscher, déclarait, le 20 janvier 1870, ne pas admettre l'infaillibilité du pape. Le gouvernement autrichien, par l'organe de son ambassadeur, M. Trauttmansdorff, appuyait les sentiments de Mgr Rauscher.

Deux évêques français, deux noms glorieux, Mgr Dupanloup et Mgr Darboy, luttaient corps à corps contre l'absolutisme qu'on voulait introduire dans la constitution de l'Église ; et le gouvernement français, par la voix du comte Daru, adressait un *memorandum* à Pie IX pour le prier de s'arrêter dans le chemin dangereux des innovations. A la suite de la glorieuse pléiade de nos illustrations épiscopales, s'avançaient deux hommes dont l'histoire enregistrera la courageuse résistance, le Père

Gratry, si terriblement attaqué par M. Freppel dans son oraison funèbre de M. Fruchaud, archevêque de Tours, et M. de Montalembert qui, jusqu'à sa dernière heure, lutta vaillamment pour la défense des traditions des premiers âges du christianisme.

Quelle place occupait M. Colet, alors évêque de Luçon, dans cette formidable mêlée d'opinions et de doctrines? M. Freppel le juge dans une seule phrase qui demeurera l'éternelle condamnation de la pusillanimité de M. Colet et du peu d'estime dont il jouissait, au point de vue doctrinal, dans les rangs de l'épiscopat.

« Il n'eut garde de combattre la doctrine elle-même de l'infaillibilité du pape, se bornant à contester l'opportunité d'une définition. Craignait-il une recrudescence d'hostilités contre l'Église?... *Son humilité même lui inspirait-elle une* DÉFÉRENCE EXCESSIVE pour les hommes vénérables dont il s'était fait une loi de suivre la direction?...

Quelle fut donc son attitude? Les numéros de l'*Univers*, du 12 et 19 février 1870, nous renseignent à ce sujet.

« La *France* a publié hier, et le *Français* reproduit aujourd'hui les noms des évêques qui se seraient prononcés *contre* la définition de l'infaillibilité. » Dans la liste qui suit se trouve le nom de M. Colet, évêque de Luçon.

« Voici les noms sur lesquels j'entends élever le plus de doutes : Autun, *Luçon*, Metz, Nice, La Rochelle et Verdun. » Quelle réponse peut faire

M. Freppel à ces témoignages accablants? Au lieu de déclarer nettement que son héros suivait librement la pente où l'entraînaient ses convictions, il lui attribue un rôle indigne ; il le fait marcher à la suite de personnages illustres, il le lance dans l'excès de la déférence.

Eh bien ! M. Freppel a raison. Oui, M. Colet, à Rome, était dans le camp de l'opposition, mais il y était surtout parce qu'il se trouvait incapable de se former à lui-même une opinion dans ce débat solennel ; parce qu'il se laissait écraser par des personnalités de haute valeur ; parce qu'il avait vendu sa liberté d'appréciation à Mgr Dupanloup, évêque d'Orléans.

Et voilà l'homme que vous venez montrer à la Touraine comme possédant « une conscience droite et incapable de trahir ce qui lui paraissait un devoir. » La conscience ! mais elle s'interroge elle-même avant d'entendre les bruits du dehors ; elle descend dans ses profondeurs pour y lire les arrêts rendus sur ce Sinaï de la personnalité humaine, avant d'aller recueillir les échos des volontés étrangères. La conscience ! elle ne se courbe que devant ce qu'elle croit être la vérité ! M. Colet, *par une déférence excessive,* se jette aujourd'hui dans les bras des opposants, et, demain, par une pusillanimité condamnable, il se précipitera aux genoux d'une majorité triomphante.

Panégyristes, laissez tomber dans l'oubli du néant ces caractères qui ne trahissent aucune cause parce qu'ils ne sont attachés à aucune, ou plutôt qui les trahissent toutes successivement, suivant les circonstances qui se présentent!

Libre ensuite à M. Freppel de considérer l'infaillibilité du pape comme le ciment indestructible de la constitution de l'Église. Avouons qu'il arrive bien tardivement ce fameux ciment et confessons qu'il n'est pas de grande valeur, car il semble n'avoir rien consolidé. Il joue habilement avec les mots, le docte prélat ; il les enfile avec une souplesse renversante. Du moment, nous dit-il, que l'Église est infaillible, le pape doit l'être aussi. Pourquoi a-t-il attendu dix-huit siècles pour nous le dire? Pourquoi saint Pierre ne nous a-t-il pas affirmé dès l'abord cette doctrine que nous eussions acceptée avec respect ?

Pourquoi proclamer bien haut que la certitude de la foi repose sur cette infaillibilité de l'évêque de Rome! Avant le concile du Vatican, les fidèles ne possédaient donc aucune certitude dans leurs croyances, et Bossuet, escorté de tout l'épiscopat français, enseignait donc une doctrine vague et nuageuse, dans ses immortels controverses? Les éléments qui avaient suffi pour conduire l'Église, avant la proclamation de ce dogme, devaient être capables de la guider sans recourir à des croyances si tapageuses et si rétrogrades.

M. Freppel termine sa période par ces paroles : « L'infaillibilité du pape assure à l'obéissance son honneur et sa dignité. » C'est le fétichisme, c'est le règne de la fatalité. Qu'ont voulu les Jésuites, les grands meneurs de cette cabale de démence autoritaire? Ils ont voulu éteindre à jamais, dans l'Église, l'examen raisonné des questions controversées, étouffer à leur naissance les discussions théologiques qui faisaient la vie des écoles, et mettre dans les mains d'un seul homme un pouvoir égal à celui du Christ, afin d'être plus aptes à le gouverner lui-même, et, par lui, à régner en dominateurs sur le monde des âmes.

Dieu seul est Dieu, et Mahomet est son prophète, a dit le Coran. Dieu seul est Dieu, et le pape est son égal, a répété le concile de 1870.

M. l'évêque d'Angers descend ensuite de ces hauteurs pour nous parler des écrits de celui qu'il appelle un grand administrateur. Avant de raconter ces détails ce prélat aurait dû consulter un peu le clergé de son diocèse; il eût appris à quel degré de satiété et de lassitude était montée la patience des curés tourangeaux; il eût dû surtout parcourir ces compilations indigestes qui ne supportent pas la lecture et qui laissent percer un esprit inquiet, jaloux à l'excès de son autorité, peu soucieux des droits de ses subordonnés, imbu de ces vieilles routines de paperasseries qui sont la mort des administrations. A côté de ces interminables mandements, apparaît le recueil de sa volumineuse correspondance. Nous osons affirmer que chaque prêtre du diocèse possède au moins vingt lettres de M. Colet, lettres empreintes d'un cachet d'âpreté, sinon de dureté, peu digne d'une âme épiscopale; sa plume est une meule qui broie avant tout examen; son style est un glaive qui frappe avant toute discussion.

Peu importe à M. Freppel, pourvu qu'il loue,

pourvu qu'il arrive à donner son opinion sur le concordat.

Quand un orateur est chargé de prononcer une oraison funèbre, son premier soin est de chercher dans la vie de celui qu'il veut exalter des traits saillants, des faits capables d'enlever les admirations. Quand tout acte extraordinaire lui fait défaut, il saisit au passage des questions brûlantes sur lesquelles il exerce sa verve et inspire son ardeur. M. Freppel a dû choisir ce dernier parti. Voilà pourquoi, après avoir parlé de l'Alsace et de la Lorraine, après avoir dépeint le prêtre fatalement affranchi du service militaire, après avoir encensé les congrégations religieuses et défendu l'infaillibilité papale, il aborde le grand problème des rapports de l'Église et de l'État, que le Concordat de 1802 a eu la prétention d'établir irrévocablement. On dirait, à entendre le prédicateur, qu'il ignore les notions les plus élémentaires de ce contrat intervenu entre Bonaparte et Pie VII.

« Si la sagesse politique d'un homme de génie y a eu sa grande part. »

Elle fut grande la sagesse politique de Bonaparte dans ces circonstances mémorables. Le lendemain de la signature du concordat, Napoléon disait à Cabanis : « Le concordat que je viens de signer, c'est la vaccine de la religion : dans cinquante ans, elle aura disparu. » Malheureusement elle devait périr avec la liberté.

« Napoléon s'est hâté de renverser la liberté des cultes, fondement même de toutes les autres. Il a fondé de nouveau l'Église dans l'État, l'État dans l'Église. Il a fait subir une servitude au ouvoir.

« Il a fait un concordat, il a déclaré une religion nationale. Il a vendu, à faux poids, son peuple à l'Église et l'Église ensuite à l'État. Cet acte a reculé d'un siècle peut-être le règne de la liberté des âmes. »

Cette remarquable appréciation d'un esprit judicieux s'éloigne singulièrement des théories du prélat angevin. Quoi ! vous me parlez de paix, et je suis obligé pour adorer Dieu, suivant l'inspiration de ma conscience, de subir les rites d'un des cultes approuvés par l'État ! Ma liberté est enchaînée dans la plus intime de ses inspirations et le plus dévorant de ses devoirs. Quoi ! vous me parlez de sages tempéraments, et je suis obligé de prendre souvent sur mon nécessaire pour subventionner un culte que réprouve ma volonté la mieux interrogée. Quoi ! vous me vantez les condescendances de l'Église, et depuis quatre-vingts ans, elle lacère le pacte qu'elle a signé, déclarant même que la seule puissance civile est irrévocablement liée par cet acte solennel.

M. de Bonald écrivait ces étranges paroles :

« L'acte de 1801 ne peut être assimilé à un contrat, parce qu'il y a impossibilité radicale à ce qu'un contrat intervienne entre deux puissances dont l'une est pouvoir et l'autre sujet, dont l'une commande à l'autre comme l'âme au corps. »

Tel est le résumé des prétentions de la secte ultramontaine ! En vérité, nous trouvons admirable la conclusion de M. Freppel, quand il ose nous déclarer que le concordat est une « garantie sûre de la liberté des consciences et un élément néces- saire de la paix publique. »

Eh bien ! nous dédaignons la garantie qu'il vous plaît de nous offrir, et nous voulons rechercher ailleurs la liberté de nos consciences. Nous rejet- tons bien loin de nous cette paix fondée sur la ser- vitude la plus déshonorante qui se puisse rencon- trer. Il faut que la séparation se fasse ; il faut que l'État soit débarrassé d'entraves qui le gênent dans sa marche ascensionnelle, il faut que notre or nous reste pour soulager les infortunes des travailleurs et secourir la misère !

Nous réclamons l'abolition du concordat ; vous reprendrez votre liberté, nous reprendrons la nôtre.

Après le concordat, l'orateur aborde l'expulsion des congrégations religieuses et l'enseignement laïque. Il glisse sur la première question parce qu'il connaît parfaitement le rôle joué par l'archevêque défunt, lors de l'application des fameux décrets. Soucieux de conserver ses relations d'intimité avec le pouvoir civil, le prélat avait enjoint lui-même aux jésuites d'avoir à quitter le diocèse de Tours. Il traite par occasion l'instruction laïque.

« La question de l'enseignement chrétien de- meure, dit-il, la question suprême et décisive de notre époque. » Ici, M. Freppel est pâle et terne, on sent qu'un souffle puissant a éteint l'ardeur de sa pensée et comprimé l'élan de ses indignations. Il nous fait savoir que M. Colet était très dévoué à l'Université d'Angers, admirable dévouement qui se traduisait uniquement en quêtes ordonnées dans les églises tourangelles au profit « de ces foyers scientifiques et littéraires. » On sent la réclame dans la parole de l'habile jouteur ; il a l'air de dire : M. Colet a pensé à procurer le triomphe de mon œuvre ; vous, chers frères, favorisez-la par des offrandes qui seront toujours acceptées avec reconnaissance.

Alimentez par vos dons « ces foyers scientifiques et littéraires. » Oh ! l'ardent foyer ! Foyer de chaleur qui glace l'intelligence par d'abrutissantes croyances ! Foyer de lumière dont la flamme incertaine guide à peine à travers les dédales tortueux de la morale jésuitique.

Chose étrange ! quand l'Église romaine est maîtresse, elle impose ses doctrines et opprime les croyances de ses adversaires, et quand, pour terminer le débat, l'État se pose sur le terrain de la neutralité la plus absolue, elle crie à la tyrannie. Eh bien ! nous voulons la neutralité la plus absolue dans nos écoles. La morale évangélique, si rayonnante et si belle, saura bien s'imposer plus tard à l'intelligencedéveloppée de l'homme devenu capable de l'accepter ou de la rejetter dans la plénitude de sa force.

M. Freppel cite une phrase de M. Colet qui ne contredit en rien vos appréciations, mais laisse entrevoir des désirs monarchiques.

« L'avenir de la France, son retour aux grandeurs et aux gloires du passé, est dans la pleine liberté de l'enseignement chrétien. »

En vérité, il faut posséder une forte dose de naï-veté pour formuler de telles propositions. Ah ! vous voulez nous ramener aux grandeurs et aux gloires du passé ! Eh bien ! nous préférons nos grandeurs et nos gloires contemporaines, nos grandeurs et nos gloires de l'avenir. Nous sommes des marcheurs en avant, non des marcheurs à reculons, selon le défunt. La pleine liberté de l'enseignement chrétien sera seule capable de nous doter de ces gloires. Qui donc vous empêche de le donner, cet enseignement. Le prêtre n'a-t-il pas l'Église ! Le père de famille n'a-t-il pas son foyer ! Est-ce que ce double enseignement ne vous suffit pas pour inculquer vos maximes au jeune âge ! Tenez, per-mettez-nous de vous le dire, quand vous ne régnez pas en maîtres absolus, vous vous plaignez de la part légitime qui vous est octroyée. Tout pour vous, rien pour les autres, voilà votre maxime !

Vous cachez vos prétentions sous le voile de gran-des paroles et sous l'écorce de fallacieux discours.

« Vous enfin qui, dans les charges publiques, êtes appelés à diriger les affaires du pays, puissiez-vous comprendre que l'épiscopat et le clergé ont unique-ment en vue les intérêts de la religion et de la pa-trie. »

Nous ne pouvons ne pas protester contre un tel langage. Comment voulez-vous que nous puissions accepter vos paroles, en face de la formidable lutte que vous soutenez contre la France républicaine, en présence des encouragements et des secours que vous prodiguez à la coalition monarchique, afin d'abattre à jamais le régime adopté par la grande majorité de la nation ! Comment voulez-vous que nous puissions croire à votre sincérité quand vous n'y croyez pas vous-même, puisque vous savez bien qu'il y a incompatibilité radicale entre les doctrines de l'Église romaine et la Société civile ! Vous ne pouvez pas unir deux forces qui se repoussent. L'Église condamne la liberté de conscience, la Société civile la proclame dans ses codes ! L'Église anathématise la liberté de la parole, l'État la donne pleine et entière.

Tenez, croyez-moi, M. l'Évêque, le règne des dupes est passé. Reprenez « le chemin de votre diocèse » d'où vous n'auriez pas dû sortir pour l'honneur de votre réputation oratoire et pour l'honneur de la Touraine, que vos maximes ne sauraient endormir. Vous parlez de l'époque où vous irez « rendre compte à Dieu d'un ministère qui déjà se prolonge *dans une vie moins paisible* sans doute que n'aura été la vôtre. »

Pourquoi, en effet, ne choisissez-vous pas *cette vie paisible* qui convient au caractère épiscopal. Vous êtes un prélat tapageur, bruyant, emporté, fougueux.

Oh ! de grâce rentrez dans ce calme serein, dans cette vie de quiétude que vous avez l'air de regretter ; vivez avec les Angevins et laissez *paisibles et tranquilles* les Tourangeaux vos voisins ! Ainsi soit-il !

A.-C. BERTRAND.

1545. — TOURS, IMPRIMERIE E. ARRAULT ET Cᵉ